AF296080

PUBLICATION DE LA SOCIÉTÉ DES ARCHIVES HISTORIQUES
DE LA SAINTONGE ET DE L'AUNIS

LETTRES

DU

COMTE DE COMINGES

AMBASSADEUR EXTRAORDINAIRE DE FRANCE EN PORTUGAL

(1657-1659)

PUBLIÉES

PAR PHILIPPE TAMIZEY DE LARROQUE

PONS

IMPRIMERIE DE NOEL TEXIER

1885

(13)

LETTRES DU COMTE DE COMINGES

*Extrait du tome XIII des Archives historiques
de la Saintonge et de l'Aunis.*

PUBLICATION DE LA SOCIÉTÉ DES ARCHIVES HISTORIQUES
DE LA SAINTONGE ET DE L'AUNIS

LETTRES

DU

COMTE DE COMINGES

AMBASSADEUR EXTRAORDINAIRE DE FRANCE EN PORTUGAL

(1657-1659)

PUBLIÉES

PAR PHILIPPE TAMIZEY DE LARROQUE

PONS

IMPRIMERIE DE NOEL TEXIER

—

1885

LETTRES DU COMTE DE COMINGES

AMBASSADEUR EXTRAORDINAIRE DE FRANCE EN PORTUGAL

1657-1659

Quand je publiai, en 1871, la *Relation inédite de l'arresta-tion des princes (18 janvier 1650), par le comte de* COMINGES (Paris, Palmé, brochure grand in-8) [1], je rédigeai ainsi les pre-mières lignes de la notice biographique dont je fis précéder cette curieuse pièce : « Gaston-Jean-Baptiste de Cominges, seigneur de Saint-Fort, de Fléac et de La Réole, si célèbre sous le nom de comte de Cominges, naquit l'an 1613, on ne sait trop en quel lieu ». Aujourd'hui je crois que le fils de Charles de Cominges et de Marie de Guip appartient par sa naissance à la Saintonge. En effet, dès la fin du xvie siècle on voit les Cominge-Guitaut possessionnés [2] en Saintonge, seigneurs du Fouilloux en Arvert, de Ferrière près de Pons, de Meschers sur les bords de la Gironde; Pierre de Comminge, seigneur de Guitaut [3] de Léguille et de Meschers, lieutenant au gouver-nement de Brouages et des îles de Saintonge, grand'père de

---

1. Voir aussi *Revue des questions historiques,* livraison du 1er octobre 1871.

2. Que l'on ne s'épouvante pas du mot *possessionné*. S'il manque au *Dictionnaire de l'académie française,* il brille dans le *Dictionnaire de Littré* au milieu d'une phrase d'un écrivain qui n'est rien moins que Voltaire.

4. Voir *Archives,* vi, 158, la montre faite à Brouage (1610) de vingt hommes de guerre à pied de la compagnie de Pierre de Comminge, capitaine. Son frère Bernard fut seigneur du Fouilloux par sa femme Isabeau Bigot qu'il avait épousée en 1580, et dont il eut : Samuel, seigneur du Fouilloux, et Isabeau.

Gaston [1], s'était établi en Saintonge par son mariage (1575) avec Joachine Dubreuil, dame de Théon et de Meschers. [2]

Son fils Charles de Cominges, seigneur de Guitaut, de Saint-Fort-sous-Brouage, de Fléac, de La Réole, maître d'hôtel du roi, envoyé ordinaire de monsieur frère du roi, capitaine des gardes de sa majesté, etc., avait épousé une saintongeaise, Marie de Guip, fille de Jean de Guip, seigneur de la Parée [3], et d'Anne Baudouin [4]. Il acquit, en 1621, la terre de Saint-Fort-sous-Brouage [5], mouvant du château de Saintes et valant alors 400 livres de revenus [6].

---

1. Voir le père Anselme, t. II, p. 665.

2. Voir *Archives*, t. VII, p. 182, *Talmont et Meschers*, collection de pièces sur ces deux paroisses, entre autres, p. 208, une sauvegarde du roi pour le bourg de Meschers appartenant aux sieurs de Guitaud (François de Cominges, gouverneur de Saumur, chevalier des ordres du roi en 1661, mort en 1663; fils de Pierre), capitaine des gardes de la reine, sa mère, et de Théon (Claude du Breuil, cousin de François de Cominges), et en considérations de leurs services.

3. Jean de Guip avait pour père Christophe de Guip. Arthur de Guip, sieur du Pas, avocat au parlement de Bordeaux, fut maire de Saintes en 1643 et 1648. Voir, *Études et documents relatifs à la ville de Saintes*, p. 41, par M. Louis Audiat, qui indique encore : Georges de Guip, chanoine de Saintes (1664), Toussaint de Guip, sieur du Pas, avocat du roi au siège présidial de Saintes, fils d'Arthur (1669), et sa fille Marie. En 1632, est baptisée Julie, fille de Jean de Guip, écuyer seigneur de Porcheresse, et de Jeanne du Gravier. Citons encore Alexandre de Guip, sieur de Surant en la paroisse de Saint-Hilaire de Villefranche (1722); Abraham de Guip, conseiller au présidial de Saintes, en faveur duquel Seguin d'Authon, sénéchal de Saintonge, et Marie Martel, sa femme, érigent, l'an 1615, et anoblissent un fief en l'île d'Oleron (*Archives*, VI, 268); Christophe de Guip, compagnon servant Dieu en l'église Saint-André de Dolus (1642), etc. C'était une famille très saintongeaise.

4. Anne Baudouin, fille d'Arnaud Baudouin.

5. En la commune de Saint-Jean d'Angle, canton de Saint-Aignan, arrondissement de Marennes. Saint-Fort était une ancienne paroisse devenue commune, qui fut, par ordonnance royale du 31 mars 1825, réunie à celle de Saint-Jean d'Angle.

6. La terre avait été saisie sur Daniel de Queux par Pierre Jarousseau de Richemont; le roi, en considération de ses services, lui fit don des lots et ventes, quint et requint, et autres droits seigneuriaux. Les Cominges gardèrent Saint-Fort jusqu'en 1732, où il fut vendu à Pierre de Verthamont, capitaine général garde-côtes entre deux mers sur Garonne et ancien jurat de Bordeaux. Il passa, en 1785, à Nicolas de Boussard, trésorier de la marine et des colonies, à Rochefort.

En 1633, dans l'église de Saint-Fort aujourd'hui ruinée, alors paroissiale, fut creusé un caveau qui fut violé en 1793. Il était destiné à recevoir le corps de Charles de Cominges, comme le montre cette épitaphe qu'on y voit encore et que nous empruntons ainsi que ces détails, p. 315, à *l'Epigraphie santone*, de M. Louis Audiat :

A LA MEMOIRE DE TRES ILLVSTRE SEIGNEVR CHARLE DE COMINGE LEQUEL MOVRVT LANNÉE 1630.

MORTEL TV VOIS EN CE BAS LIEV
LES OS CENDRES DVN DEMI DIEV
C'EST LE GRAND CHARLE DE COMMINGE
QUI SERVANT AUX ARMES DE SON PRINCE
DEVANT PIGNEROL FVT OCCIS
COVVERT DE PALMES ET DE LYS
DE GUIP SON EPOVSE FIDELLE
LVI CONSACRA CETTE CHAPELLE
POUR T'AVERTIR LECTEVR MORTEL
ET QUEL TIENT SON EPOVX AV CIEL.

Les armes de Marie de Guip se voient encore dans ce caveau funéraire ; c'est un écusson représentant un chevron accompagné de trois oiseaux, et entouré d'une cordelière de même: car les armoiries des de Guip sont: *d'azur au chevron d'or accompagné de 3 perroquets de même, becquetés et membrés de gueules*.

En attendant que la découverte de quelque document comtemporain transforme en une parfaite certitude ce qui est pour moi la plus grande probabilité [1], je viens mettre en lumière huit lettres écrites, de Lisbonne ou des environs de cette ville, par l'habile diplomate (septembre 1657-janvier 1659) à Jacques-Auguste de Thou, baron de Meslai, président de la chambre des enquêtes du parlement de Paris, lequel avait été chargé de représenter le roi de France en Hollande la même année où

---

1. Je prie spécialement les chercheurs de Saintonge (et Dieu sait s'ils sont nombreux et zélés, comme le témoignent éloquemment les publications de la société des *Archives historiqnes*!) je prie, dis-je, ces excellents chercheurs de m'aider à retrouver le document qui rattachera définitivement à leur province le capitaine dés gardes du corps de la reine.

son collègue fut envoyé à Lisbonne [1]. Au milieu de ces lettres toutes autographes [2], on trouvera la harangue débitée par le comte de Cominges dans l'assemblée des commissaires du Portugal et des députés des états des provinces unies, le 19 octobre 1657. Tout cela pourra aider à un peu mieux connaître à la fois deux années de l'histoire d'un pays qui fut toujours l'ami de la France et d'un homme qui, selon le mot de Saint-Simon, fut « important toute sa vie ».

---

1. La nomination du comte de Cominges est du 10 mai 1657. Les instructions qui lui furent données par le cardinal Mazarin, le 4 et le 13 du même mois, ont été publiées dans le *Journal de Verdun* de mars 1735 (p. 186 et suiv.) *L'Art de vérifier les dates* (édition de 1818, tome VII, p. 29) leur emprunte cette assertion, que *la France n'avait pas peu contribué au rétablissement du roi de Portugal dans le trône de ses ancêtres.*

2. Ces lettres sont conservées à la bibliothèque nationale, fonds français, volume 9543.

I.

1657, 2 septembre. — Cominges signale l'importance des dépêches qu'il adresse au comte de Brienne par l'intermédiaire du président de Thou. Détails sur les Portugais et sur leur reine. Eloge du frère du président de Thou, le décapité de Lyon.

A Saint-Liautre, près Lisbonne, 2 septembre 1657.

Monsieur, ayant treuvé la commodité de ce vaisseau pour escrire en France, je n'ay pas eu de peyne à me persuader que vous auriés la bonté de recevoir mes despesches, et de les envoyer en diligence à M. le comte de Brienne [1]; elles sont de si grande importance, que je ne sçaurois plus travailler en cette cour sans en avoir la response. L'on me fait ici tous les jours de nouvelles propositions, et si esloignées du projet que je ne sçaurois y reppondre positivement, sans recevoir de nouveaus ordres. Par là vous voiés, combien il est nécessaire que j'en reçoive, et comme ils pourroient passer par vos mains, pour venir ici, je vous suplie de ne pas perdre de temps à me les envoyer. J'ay pris les mesmes mesures auprès de M. de Bourdeaux, [2] afin qu'il fasse les mesmes diligences.

Je ne vous mande point les nouvelles de ce pays manque

---

1. Henri Auguste de Loménie, comte de Brienne, né en 1595, mort en novembre 1666, était alors secrétaire d'état au département des affaires étrangères, charge qu'il garda presque sans interruption de 1638 à 1663.

2. Antoine de Bordeaux, chevalier, seigneur de Genitoy, de Neufville et des Bresignolles, président au grand conseil, où il avait été reçu le 28 mars 1642, fut accrédité auprès d'Olivier Cromwell en 1653; il quitta Londres, le 6 juillet 1660, pour retourner en France, après avoir accompli une ambassade de huit années consécutives, sauf les deux derniers mois de 1655, et les trois premiers de 1656, qu'il avait passés à Paris, après avoir conclu le traité d'alliance avec le Protecteur. J'ai tiré ces très précis renseignements de la liste des dépêches des ambassadeurs de France en Angleterre (1509-1714) si bien dressée par M. Armand Baschet (Londres, 1878).

de chifre. Je vous dirai seulement que ces gens [1] ici ne sont pas si riches que l'on a creu ; ils estoient si pauvres durant qu'ils étoient sous la domination d'Espagne, [2] qu'il a fallu bien du temps à les mettre seulement à leur aise ; et de plus les despenses superflues et inutiles qu'ils ont faict, ont consommé toute leur espargne. Ils ont beaucoup de passion pour la ligue avec la France ; mais si nous ne relâchons, ils ne sauroient venir jusques à nous. J'ay dit à la reyne [3] les offices que vous aviés faict pour le Portugal ; elle en a paru fort satisfaicte, et m'a commandé d'en remercier le roy nostre maistre.

Vous savés à quel point j'ay été serviteur de feu monsieur de Thou, [4] et présentement, je n'ay point de plus sensible satisfaction que de me resouvenir que j'ay eu part à son estime et à son amitié ; vous pouvés la rendre accomplie en me permettant de vous dire que je suis, monsieur, vostre très humble et très obéissant serviteur.

COMENGE.

A Liautre près Lisbonne. [5]

En marge de la dernière page est écrit : Depuis ma des-

---

1. Les mots *ces gens* avaient été sautés et ont été ajoutés en marge.

2. C'est-à-dire jusqu'à la révolution du 1er décembre 1640, qui arracha le Portugal au joug du roi d'Espagne Philippe III et qui porta sur le trône le prince Jean, duc de Bragance, devenu le roi Jean IV *le Fortuné.*

3. La reine, veuve depuis le 6 novembre 1656, de Jean IV, était Louise de Gusman, sœur du duc de Médina-Sidonia, femme de la plus haute intelligence et bien supérieure à son époux, et qui avait en réalité régné pendant les seize années qui s'écoulèrent de la fin de 1640 à la fin de 1656. D'après les mémoires de Mme de Motteville, la grande amie de l'ambassadeur, j'ai rappelé dans ma notice sur le comte de Cominges (p. 9, note 4), que la reine de Portugal aurait bien voulu marier une de ses filles avec Louis XIV, et qu'après avoir cherché à séduire le représentant du roi de France par de magnifiques promesses, elle se vengea de sa déception par un mot piquant contre le mariage avec l'infante d'Espagne de son gendre manqué.

4. Du malheureux François-Auguste de Thou, frère aîné de l'ambassadeur en Hollande, décapité à Lyon le 12 septembre 1642.

5. Le bas de la page est rogné.

pêche j'ay résolu d'envoier ce gentilhomme à la cour, je vous suplie très humblement de le favoriser de vos asistances pour son pass[age] [1]. Vous obligerés une personne qui est absolument à vous.

Au dos est écrit, d'une part : A monsieur de Thou, conseiller du roy [2] en tous ses conseils et son ambassadeur en Holande. A La Hais.

D'autre part : A Saint Liautre près Lisbonne, ce 2 septembre 1657. M. le comte de Comminges et rendu le 19 octobre 1657 par Aubedan et [3] la lettre envoyée à M. Nunes.

II.

1657, 23 octobre. — Impossibilité de mettre d'accord les députés hollandais et portugais. Armements de ces derniers ; leur patriotique générosité ; insuffisance de leur armée. — *Ibid. fol. 156 noir, 180 rouge.*

Lisbonne, 23 octobre 1657.

Monsieur, ayen ᵗ ris que les députés de messieurs le Estats des provinces unies partent tout à l'heure pour aller rendre comte à leurs seigneurs de ce qui c'est passé entre eux et les commissaires de Portugal sur le subject de leur proposition [4], je n'ey pas voulu menquer de me servir de cette voye pour vous assurer de mes très humbles services et pour vous dire que quelques offices que j'aye faict de la part du roy, je n'ey pu obliger aucune des parties à remettre leurs différens à l'arbitrage de leurs alliés communs en ce qui touche la restitution des terres, mais bien les Portugais à la

---

1. Ici un trou.

2. Place occupée par le cachet, qui est tombé.

3. A la suite de ce nom était un mot enlevé par une déchirure du papier. La présente lettre comme toutes les suivantes, se trouve à la bibliothèque nationale, fonds français, volume 9543. Le folio pourrait être doublement indiqué, 159 à l'encre noire, 183 à l'encre rouge.

4. Il s'agissait d'un arrangement à conclure après les longues guerres engagées entre la Hollande et le Portugal au sujet de la possession du Brésil.

médiation de la France ; sur toutes les autres propositions, ce que messieurs les députés d'Holande n'ont pas voûlu accepter, ayent des ordres de ne passer outre sans que l'on eust accordé ce premier article qui fait le fondement de tout le desmêlé. Je ne croy pas qu'il fust difficile de les faire convenir sur les autres demendes ; les Portugais offrent de l'argen, des marchandize et la part qui sera jugé raisonnable dans le traffit et comerce de toutes leurs conquestes.

Je ne vous envoye point la response du Portugal sur les propositions de Holande, parce qu'elle ne contient qu'une relation de ce qui c'est passé dans les conférences. Les uns ont tâché de persuader que la restitution des terres estoit impossible et desraisonnable, et les autres quelle estoit juste et possible, sans que le raisonnement des deus parties aye eu aucun effect.

Les Portugais arment puissemment ; ils ont de fort bons vaisseaux avec toutes les choses nécessaires pour la guerre si vous en exceptés les matelots et les cannoniers, sans lesquels il est impossible de faire un bon armement. Ce que je remarque de plus considérable est la pation que ce peuple tesmoigne pour la deffence du Brezil [1]. L'on n'a aucune peine de trouver de l'argen ; chacun le porte à messieurs les commissaires avec beaucoup de diligence, et tel qui n'a esté taxé qu'à une médiocre somme l'augmente par son zèle. Avec tout cella, monsieur, j'espère fort peu de cette armée par l'incapacité des officiers et la disette des mariniers ; pour de la soldatesque ils n'en menqueront pas. Ils font venir de la frontière deus mil mousquetaires en trois régimens pour mettre dans leurs vaisseaux. Enfin tout ce prépare pour la guerre, et si messieurs les Estats généraux, par leur prudence ordinaire, n'esteigne ce feu, il se fortifiera de telle sorte que les autres

---

1. Les Portugais avaient achevé de reconquérir le Brésil en 1654 ; mais ils avaient perdu Ceylan en 1656.

nations le pouroient sentir. Il me semble, monsieur, qu'après les avoir servy si utilement, ils doivent defférer à vos sentiments, qui ne tendent qu'à réunir tous les alliés et achever de faire la paix comme vous avés desjà si bien comencé.

Je vous envoyée une copie du discours [1] que j'ey fait dans la dernière conférence, par lequel j'ey tâché de persuader aus deus parties de suspendre les armes et remettre tous leurs différents, sans en excepter aucun, à leurs alliés. Vous y verrés les expédiens que je leur ay proposé et la manière [dont je me suis gouverné. Si vous en estes satisfait, je suis content, et vostre seule aprobation me tirera d'inquiétude où je suis pour n'avoir pas fait tout ce que je suis obligé. Enfin, monsieur, j'ey fait tout ce qui m'a esté possible et, si l'affaire n'a pas réussy, c'est par sa propre difficulté, non pas menque d'office.

Je n'ey point le temps d'escrire en France, parce que messieurs les députés partent, et comme je aprehende que la rivière ne soit fermée, je vous prie de rendre comte à la cour de ce que vous sçavés touchant cette affaire. Je feray touttes les dilligences possibles pour y faire tenir une despesche. J'aprends, en finissant ma lettre, que messieurs les députés d'Holande ne peuvent avoir audiance de la reyne, à cause de son indisposition, ont estés chez le secrétaire d'estat luy porter une desclaration de guerre en latin avec tous les préembules dont on se sert en pareilles occasions pour tâcher à mettre le droit de son costé et rejetter la faute sur autruy. Ils mettent présentement à la voile pour aller trouver monsieur Aubedan ; je ne manquerais pas de vous informer de tout ce qui se passera dans cette cour, afin que vous puissiés profiter de toutes les conjonctures favorables pour servir les deux partis. Je suis, monsieur,...   COMENGE.

A Lisbonne, ce 23e octobre 1657.

---

1. Voir ce document à la suite de la présente lettre.

Au dos est écrit, d'une part : Monsieur, monsieur de Thou, con^er du roy en tous ses conseils et son embasadeur en Holande.

D'autre part : Lisbone, 23 oct. 1657. Mr le comte de Comminges. Rendu le 14 par la voye d'Angleterre. Envoyé le mémoire de Fimefond el le livre de Mr Wrangle.

III.

Harangue de monsieur le comte de Comenge, ambassadeur extraordinaire du roy très chrétien dans l'assemblée de Mrs les commissaires de Portugal et les députés des estats des Provinces Unies, tenue à Lisbonne, dans le palais, le 19e octobre 1657. — *Ibidem; folio 153 noir, 177 rouge.*

Messieurs, voyant que le Portugal arme puissamment pour s'opposer à la flotte d'Holande; que l'on court aux armes de toutes parts et que le feu s'allume avec tant de violence qu'il sera impossible de l'esteindre, s'y l'on n'y apporte promptement le remède : j'ay creu estre obligé, comme le suis véritablement par le caractère d'ambassadeur extraordinaire du roy très chrestien, mon maistre, allié des deux parties, de vous convier de sa part à suspendre vos armes et remettre vos intérests à la médiation de vos alliés qui, dans une affaire de si grande conséquence, balançant avec équité les raisons, y trouveront sans doute des tempéramens qui, estant examinés avec beaucoup de connoissance et de sincérité, seront très justes et très honestes pour la gloire et la réputation des deux estats. Car enfin, messieurs, quels avantages pourrés-vous recevoir d'une guerre qui ne peut qu'estre très sanglante et par la durée et par la valeur des deux nations; très préjudiciable à vos interests; qui donnera de l'inquiétude et de la douleur à vos alliés et de la joie à vos ennemis, et qui ne peut estre utile qu'à vostre ennemi irréconciliable et à vostre ami et allié pour autant de temps que ses interests le requerront.

Vous jugés bien, messieurs, sans qu'il soit besoin que je m'explique plus clairement que le succès le plus avantageux que vous puissiés avoir daus ce funeste rencontre [1], c'est de faire, par un sanglant combat, un passage à la flotte dans la rivière de Lisbonne, ou de la conduire dans quelques-uns des ports d'Holande : quel profit tirera le victorieux de sa victoire? Quelques vaisseaux ruinés, des hommes morts et d'autres prisonniers, avec la douleur dans le cœur d'avoir commencé une guerre éternelle, qui pourroit finir dans sa naissance par des voies honestes, approuvées et authorisées par la médiation de vos alliés. Cependant l'ennemy commun se réjouira de vos pertes et triomphera de vostre victoire.

Après cela, messieurs, ne seroit-il pas raisonnable que les armes vous tombassent des mains ; que vous vous rendissiés aux pressantes sollicitations que je vous fais de la part du roy mon maistre, et que, faisant réflexion sur vos véritables interests, vous vous laissassiés toucher aus malheurs que vous préparés à des peuples qui, estant en bonne union, se feroient considérer de toutes les nations? Que si, jusques ici, par des raisons politiques, vous n'avés pas voulu vous ouvrir les uns aus autres, et que ce soit le véritable employ d'un médiateur de faire ces offices, je consens de vous les faire de la part du roy mon maistre, afin de faciliter cette suspension d'armes et cette négociation, si utile et si juste.

Je vous dirai donc, messieurs, qu'il me semble que vostre affaire est d'une nature si extraordinaire qu'elle ne peut estre parfaictement connue qu'après avoir esté très sérieusement examinée. Messieurs les députés des Estats des Provinces

---

1. Le *Dictionnaire* de Littré nous rappelle que le mot *rencontre* était autrefois masculin aussi bien que féminin, et il cite, au sujet de l'emploi de ce mot au masculin, le *Virgile travesti* de Scarron, les *Mémoires* du cardinal de Retz et une pièce de Thomas Corneille, l'*Engagement du hasard*. Il est encore masculin dans la langue héraldique pour signifier une tête de bœuf, de cerf, etc.

unies demendent la restitution des terres du Brezil, comme
leur appartenant par droit de conqueste sur un ennemi déclaré. Messieurs les ministres de Portugal ne peuvent accorder cette restitution sans donner une atteinte aus loix fonda-
mentales de l'estat, lesquels défendent positivement d'aliéner
la moindre partie de leurs conquestes. Ainsy, vous trouvan
directemant opposés, est-il raisonnable qu'ayant des alliés s
considérables, vous en veniés aux armes pour vous faire jus-
tice? Non, messieurs, il est plus à propos de terminer cette
affaire par la voie de la médiation; vous esclaircirés tous vos
doutes; vous assurerés tous vos droits, et chacun jouira en
paix de ce qui luy sera accordé par le traité.

Pour parvenir à cette paix si souhaitable, je vous offre de-
rechef la médiation de la France par le ministère de ses
ambassadeurs: si le Portugal en veust envoyer à la Haye, il y
trouvera Mr de Thou, subject de très grand mérite et de considération, capable, par son adresse et sa profonde capacité,
de faire réussir les affaires les plus difficiles[2]; il fera tous les
offices nécessaires pour adoucir les demendes et pour faire
accorder les choses qui seront jugées raisonnables par vos alliés. Si, d'autre part, messieurs, les Estats des Provinces unies
veulent envoyer des ambassadeurs en cette cour, j'obtiendrai
du roy mon maistre un pouvoir pour y intervenir de sa part,
et bien que je n'aye pas la mesme capacité n'y les mêmes va-
leurs que son ambassadeur en Holande, mon zèle et mon af-
fection suppléeront à ces défauts.

Si ces deux expédients ne vous satisfont pas et que vous y
treuviés quelques difficultés, acceptés le troisiesme, qui est
d'envoyer en France des ambassadeurs ou des commissaires,

---

1. De cet éloge du président de Thou, il faut rapprocher divers témoignages très favorables qui lui sont rendus dans le tome II des *Lettres de Jean
Chapelain, de l'Académie française* (Paris, imprimerie nationale, 1880, *pas-
sim*); mais surtout dans les lettres à Nicolas Heinsius, avec lequel l'ambassadeur s'était lié à la Haye.

avec un plein pouvoir d'accomoder et terminer tous vos différens, par l'entremise des ministres qu'il plaira au roy mon maistre de nommer.

Ce party me semble le plus juste, le plus raisonnable et le plus honeste que vous puissiés prendre. Par là vous éviterés la hayne et l'inimitié qui pourroit naistre entre les Portugais et les Holandois qui, se voiant sur leur terre, en pourroient tirer quelques avantages au préjudice de la négociation.

Si vous profités de cet advis et que vous suiviés cet expédient, vostre conduitte sera estimée de tout le monde, vos alliés n'auront aucun subject de se plaindre, les peuples vous béniront, et si, par un malheur que vous aurez tasché d'éviter, vous en venés à la guerre, ce sera du moins après avoir tenté tous les moyens de faire la paix [1].

Messieurs, il ne me reste plus rien à vous dire sur ce subject, parce que, dans les conférences que j'ay eu avec vous, je vous ay faict connoistre les raisons les plus pressantes et les plus politiques que la foiblesse de mon esprit m'a pu fournir dans une matière qui donneroit de la peyne aus plus intelligens, si ce n'est de finir ce discours par où je l'ay commencé. Permettés-moi donc que je vous convie encore une fois, de la part du roy mon maistre, de remettre vos différens à la médiation de vos alliés et que je vous le conseille de leur part, estant avoué du roy très chrestien pour faire cet office, je suis persuadé que je le serai aussy de tous ceux qui s'intéressent dans vostre conservation [2].

---

1. Si je ne me laisse séduire par les illusions habituelles de tout éditeur, la harangue du comte de Cominges me paraît très adroite, très remarquable, et fait également honneur à l'habileté du diplomate, à l'habileté de l'orateur.

2. *Ibid.*, fᵒ 153 noir, 177 rouge.

IV.

1658, 30 janvier. — Déclaration de guerre de la Hollande au Portugal.
Nomination d'ambassadeur. Inutiles démarches du comte de Cominges que
l'on a été sur le point de rappeler en France. Ses ennuis à Lisbonne. — *F° 146
noir, 170 rouge.*

Lisbonne, 30 janvier 1658.

Monsieur, j'ay receu vostre depesche dernière en datte du
14e novembre, par l'arrivée en cette cour d'un gentilhomme
que j'avois envoyé en France, quy a passé par Angleterre, et la
première du 19e octobre, par le résident de Portugal en
Holande. Je ne vous diroi point, monsieur, combien l'une et
l'autre m'ont donné de joye, puis qu'après vous avoir assuré
une fois que je vous honore infiniment, il seroit superflus d'y
adjouster de nouvelles protestations. Je quitteroi donc ces
complimens inutiles pour faire response à vos lettres.

Depuis que les députés de messieurs les estats ont déclaré
la guerre au Portugal au nom de leur maistre, je n'ay pas
perdu un moment de rendre tous les offices nécessaires pour
esteindre cet embrasement dans sa naissance. Il me semble
que toutes les choses se disposent assés bien en cette cour,
quoy que lentement, à leur ordinaire ; et ce n'est pas tousjours
tant la faute des ministres que des formalités ausquelles ils
s'attachent indispensablement. Ils ont nommé deux ambassadeurs pour Holande, dont l'un s'est excusé sur son aage et
indisposition ; au défaut de celuy là, l'on a nommé le comte de
Prado, grand escuyer du roy, qui est homme de mérite ; mais
devant que leur départ soit résolu, il s'y passera du temps,
n'ayant point encores faict leur traité particulier : car, monsieur, il ne part point d'ambassadeur de cette cour qui n'assure
des biens et des honneurs dans sa famille. Vous sçavé bien
que nous n'en usons pas ainsy, mais chaques pays ont leur
coustumes. Cependant l'on a nommé le sieur Felician Dorade,
qui a esté autrefois secrétaire de l'ambassade de France, et
en suitte de celle de Holande, pour aller treuver sa majesté,

afin de prendre toutes les mesures necessaires, tant pour la réception des ambassadeurs, que pour luy faire part des résolutions du Portugal touchant cette affaire. L'on avoit proposé ici de l'envoyer chés vous, mais n'ayant pas jugé à propos qu'il fist ce voyage sans participation de la cour, je vous ai destourné cet embarras.

J'ay rendu conte à la reyne de Portugal et à tous les ministres de la continuation de vos bons offices et de la chaleur avec laquelle vous embrassés tous leurs intérests. Toute la cour m'a témoigné vous en estre tres obligée. C'est une chose estrange que le royaume soit si fortement appuyé par ses alliés, et qu'il travaille si peu de sa part. Cela me faict croire que ses ministres se persuadent qu'il est considérable par soy même, sans qu'ils fassent aucune distinction des convenances et de la nécessité, ot pour vous parler franchement, je croy que cet emportement que témoignent la France et l'Angleterre pour sa conservation, le laisse vivre dans une létargie qui pourroit, avec le temps, causer sa ruyne totale. Je ne vous mande rien des offices que faici M. de Bordeaus aupres de M. le protecteur pour la suspension d'armes entre le Portugal et la Holande, parce que le tout se passe devant vous, et que vous estes le principal acteur en cette affaire. Je vous dirai seulement sur ce subject que je ne m'espargne pas en cette cour de faire valoir la sincérité et la vigueur avec laquelle le roy s'y employe, segondé par les soins et la vigilance de ses ministres.

L'on a donné ici la main levée à tous les vaisseaux arrestés dans les ports; je ne sçai comme cette action sera receue en vostre cour, et sy elle passera pour généreuse ou pour faible.

Enfin, monsieur, c'est un mal quy a besoin d'estre mesnagé avec beaucoup de dextérité, et la bonne fortune de ces peuples me paroist plus évidemment, en ce que vous estes employé à cette paix, et que sy, par une fatalité quy nous est inconnue, elle ne se concluoit pas, ce seroit tousjours la faute de la disposition de la matière et non pas de l'ouvrier. La cour de France n'a pas esté satisfaicte des dernières propositions du Portugal; il avoit mesme esté résolu de me rappeler et l'on avoit pris des mesures auprès de M. le protecteur pour me donner un vaisseau de ceux qui sont devant Cadis, ou dans le destroit, et qui viennent assés souvent dans ce port pour se rafraichir. Mais S. E. a obtenu de sa majesté que je ferois une nouvelle instance, ce que je fis devant hier, mais sans aucun succès.

Le secrétaire d'estat me vient voir hier au soir pour me demander par escrit les propositions que j'avois faict, à sa majesté portugaise, dont je n'ay pas esté faché, par ce que cela les obligera à me rendre response dans les mesmes formes, qui sont des précautions qu'il faut avoir avec ces gens ci qui n'ont pas tousjours une mesme assiète; vous vous persuadrés de cet advis dans la rencontre, quoy que je n'aye pas la vanité de vouloir vous en donner; mais il m'a coulé sous la plume.

Aujourd'huy le conseil s'est assemblé pour examiner mes propositions, et en suitte j'attends sa response pour despescher incontinent à la cour, conformément à l'ordre que j'en ay. Sy je la reçois devant que cette lettre parte, je ne manqueroi de vous informer de la résolution quy sera prise.

Au reste, monsieur, je vous suis tellement obligé de l'honneur que vous me faites de me mander des nouvelles, que je ne sçaurois vous en témoigner ma joye, par ce qu'à dire le vray, je suis ici sans affaire, sans divertissement, ny sans conversation que celle de mes domestiques, et qu'il me semble, quand je reçois des lettres qui m'apprennent l'estat des affaires de l'Europe, que je suis parmy mes amis. J'ose espérer que vous me pardonnerés bien sy je prends cette liberté, puisque vous mesme, par un excès de bonté, avés voulu m'en assurer dans toutes vos lettres.

J'ay aujourd'huy faict une dépesche à M. le conte de Brienne par un petit vaisseau qui a desjà fait plusieurs voyages ici, et qui a le bruit d'estre heureux. J'avois dessein de vous en envoyer le duplicata; mais le temps ne me l'a pas permis. Il ne m'en reste seulement que pour vous assurer que je suis, monsieur, vostre très humble et tres obéissant serviteur.

COMENGE.

A Lisbonne, ce 30 janvier 1658.

En marge de la dernière page est écrit: Je vous envoie une quaisse d'oranges, et deux que je vous prie de faire présenter de ma part à madame la princesse roiale; je vous en aurois envoié davantage, mais les grandes gelées me font apréhender pour celle cy.

V.

1758, 11 février. — Caisse d'oranges envoyée par Cominges. Don F. Favo nommé ambassadeur en Hollande. Intrigues du roi d'Espagne. Relation du Portugal avec la France et avec Rome. Grave épidémie en Portugal. — *Ibid., f° 150 noir, 174 rouge.*

De Lisbonne, 11 febvrier 1658.

Monsieur, par la dernière voye que je me donnai l'honneur de vous escrire, je vous mandois que je vous envoyois une caisse d'oranges de la Chine, et que je vous supliois d'en présenter deux de ma part à madame la princesse royale; mais la malice, ou [1] l'ignorance du capitaine du vaisseau fust si grande, qu'il partist sans m'en donner advis: peut estre que celuy cy sera de meilleure foy; je le juge ainsy, par la précaution que j'ay pris avec le consul de sa nation, qui s'en engage à moy, que le tout se feroit avec sincérité.

Je vous mandois par ma dernière que l'on avoit nommé

---

1. Comenge a d'abord écrit *et*, qu'il a rayé pour mettre *ou*.

des ambassadeurs pour Holande; mais les uns se sont excusés sur leur vieillesse, et les autres sur les conditions. Enfin la résolution est prise, et ce qui faict espérer qu'elle sera plus ferme que les autres: c'est que le comte d'Odmira a faict nommer don Fernando Favo, qui est son neveu : c'est un homme de médiocre talent, qui n'a aucune connoissance des affaires; mais sa naissance et son appuy nous doit faire espérer que l'on luy donnera les pouvoirs nécessaires pour la conclusion de l'affaire; quoy qu'à mon advis, elle soit pleine de mille difficultés, et surtout si les advis que l'on a ici d'Holande et d'Espagne sont véritables, puis que la reyne de Portugal m'a dist, et en suitte tous ses ministres, que l'armée qui estoit venue l'année passée dans cette coste, estoit payée par le roy d'Espagne, qui s'estoit obligé par un traicté de fournir aus estats 500,000 l. pour trois mois, et en cas que la nécessité des affaires requist qu'elle y séjournast davantage, qu'il fourniroit 130,000 l. par mois; et l'on apréhende ici, avec raison, que le traité ne continue encores cette année et avec tous ses subjets d'apréhension et de crainte, je ne voy pas que l'on y remédie.

Pour les affaires de France, je ne sçai encores ce que je dois espérer; nous sommes d'accord de la somme principale, et mesme l'on pourroit s'accommoder des termes; mais il n'y a rien à espérer à mon advis pour les autres articles, qui ne laissent pas d'estre de grande importance, veu que l'engagement, que nous faisons avec le Portugal, est si grand que l'on ne sauroit trop veiller à obliger ces peuples, non seulement de se deffendre, mais encores d'attaquer la Castille, ce quy est impossible, sans qu'il y aye vu corps françois, qui les esveille, et qui leur donne de l'émulation, et qui oblige le roy d'Espagne à tenir tousjours un corps opposé, qui diminuera d'autant les troupes, qu'il sera obligé de tenir en Catalogne; c'est ce que nous aurons de la peyne à obtenir, et mesme je ne croy pas, quoy qu'ils disent en avoir envie, que les ministres y consentent jamais; tant il est vray, qu'ils craignent que l'authorité du roy de Portugal se fortifiast par ce moyen, et que leur authorité diminuast.

La reyne de Portugal a despesché un nommé Sébastien Pereire de Sas, homme d'esprit et de négociation, mais fort intéressé, à mon advis, pour Rome, à dessein de rappeler son ambassadeur, de remettre tous ces mémoires à monsieur le cardinal Ursini [1] pour trois mois, qui doit durant ce temps faire instance, pour obtenir la nomination des évesques; et si cette éminence n'en peut venir à bout, le mesme Sébastien de Sas a ordre positif de retenir tous les dits mémoires, et les remettre à la sourdine entre les mains d'un père jésuiste, nommé Francisco de Tonora. Ils se servent de cet expédient par ce que le défunt pape [2] témoigna en mourant qu'il avoit quelque déplaisir de n'avoir pas contenté le Portugal, et que, si sa sainteté [3] se trouvoit dans les mesmes sentimens, dans le différent estat des affaires, l'on n'eust point d'excuse pour différer cette bonne volonté, manque des instructions et mémoires nécessaires, comme aussy de quelqu'un quy les fist valoir. Voilà ce que j'ay à vous mander de ce pays ici. Quand il y aura quelque chose, vous en serés informé, et cependant je profiterai de cette occasion pour vous assurer que je suis de tout mon cœur, monsieur, vostre très humble et très obéissant serviteur.

COMENGE.

A Lisbonne ce XIe feb. 1658.

En marge de la dernière page est écrit: Toute la frontière de Portugal est ataquée d'une certaine maladie si violente et si subite qu'il est mort plus de 4,000 soldats et quantité de

---

1. Virginio Ursini ou Orsini, fils de Ferdinand Orsini, duc de Bracciano, nommé cardinal en 1691, mourut en 1676, le 21 août; il était né le 17 mai 1615, fut évêque d'Albano en 1671 et de Frascati en 1675.

2. Innocent X, élu le 15 septembre 1644, mort le 7 janvier 1655.

3. Alexandre VII, élu le 7 avril 1655, mort le 22 mai 1667.

peuple et mesmes des principaux. Il est à craindre que le chault ne rende cette maladie pestilencielle. Il ne manquoit plus que ce malheur à ce royaume.

VI.

1638, 18 avril. — Maladie du comte de Cominges. Propositions du Portugal à la Hollande. La reine de Portugal et ses ministres. — *Ibid.*, *f°* *142 noir, 167 rouge.*

Lisbone, 18 apvril 1658.

Monsieur, bien que je sois en très mauvais estat pour me donner l'honneur de vous escrire, ayant esté seigné aujourd'hui pour la sixiesme fois pour des douleurs insuportables qui m'ont causé la fièvre, je n'ay pas voulu laisser passer cette occasion, qui m'á paru assés assurée, sans vous donner advis de ce qui se passe en cette cour, pour payer non pas avec usure, mais selon la monnoye du pays, toutes les nouvelles que vous m'avés mandées du lieu où vous estes, qui sont toutes si avantageuses pour cette couronne, et ménagées avec tant d'industrie de vostre part que je ne les ay pas eu si tost aprises à la reyne, que vostre nom n'aye esté aussy connu à Lisbonne qu'il est à La Haye. Enfin, monsieur, sy messieurs les ministres disent vray, ils vous honorent infiniment, et vous pouvés bien juger que je les fortifie dans ces justes sentimens, et que, s'ils s'en veulent fier à moy, ils feront paroistre leur reconnoissances par des témoignages publics.

Sy je vous avois mandé positivement que l'ambassadeur de Portugal nommé pour Holande fust party, vous auriés subject de ne vous fier plus à ma parole. Il vous souviendra, s'il vous plaist, que je vous ay tousjours dist que messieurs les ministres m'avoyent assuré que son départ se précipitoit par la seule nécessité des affaires, et qu'ils ne laissoient pas d'y travailler de leur part avec beaucoup de soin et d'assiduité ; néanmoins il est encore ici. Il est vrai pourtant que M. le secrétaire d'estat me fist l'honneur de me voir de la part de la reyne, il y a trois jours, pour me donner communication des instructions qu'on luy a données, et m'assurer en mesme temps, qu'il partiroit immédiatement après les festes de pasques. Il a un ordre exprès de ne rien faire, sans vostre participation, de déférer à vos conseils et de se gouverner, dans une affaire si espineuse, par les advis que vous lui donnerés; et sans doute c'est le meilleur party qu'il puisse prendre.

Le Portugal offre à messieurs les estats des Provinces Unies tout ce que je vous ay desjà mandé, à sçavoir un libre trafic dans le Brésil et, dans l'Affrique, le sel de Setuval sans répartition. Je croy mesme qu'il pourroit relascher quelque place et port dans l'Affrique, à la réserve néanmoins d'Angole, [1] *Saint-Romé* [2], et de Lamine. Il offre aussy de donner les sommes qui seront convenues par les médiateurs dont le payement se fera en plusieurs termes; et, voulant faire parler le secrétaire d'estat sur le subject, afin d'estre mieux instruit, il me dist qu'ils donneroient par an, jusques à 250,000 croisades [3] et mesme jusques à 300,000, tant ils avoient envie d'une bonne paix. Après ces offres, qui souffrent le plus et le moins, je ne doute pas que cette affaire, estant ménagée par des mains aussy adroites que les vostres, ne réussise au contentement et à la satisfaction des deux parties.

---

1. Pays de la côte occidentale de l'Afrique du sud, sur l'Atlantique. Voir le mot *Angola* dans le *Nouveau dictionnaire de géographie universelle*, par M. Vivien de Saint-Martin (tome I, 1877, p. 153).

2. Nom d'une lecture douteuse; peut être vaut-il mieux lire *Saint-Homé* Les deux noms ne se trouvent pas dans les recueils géographiques que j'ai à ma disposition.

3. En portugais *cruzado*, de *crux*, croix; cette monnaie d'argent fut, selon le *Dictionnaire de Trévoux*, « battue sous Alphonse V, vers 1457, dans le temps que le pape Calixte III y envoya la bulle d'une *croisade* contre les infidèles. Cette monnaie était frappée aux armes de Portugal, et portait une croix sur le revers, d'où lui vint son nom. Une cruzade vaut quarante sous. »

·Pour les affaires qu'ils ont au dela la ligne, elles me
paroissent plus difficiles; je craindrois qu'elles n'empeschas-
sent le succès des autres, sy l'on confondoit les matières;
ainsy, monsieur, il me semble assés à propos (je sousmets
néanmoins mon jugement au vostre) de les engager à la
première, afin que la réunion des esprits, estant desjà com-
mencée par les offres cy dessus déclarés, diminuast en quelque façon l'aigreur, qui ordinairement s'eschauffe, à pro-
portion que les interests s'augmentent.

La reyne me fait espérer qu'elle va mettre son armée en
campagne; et sans doute son projest est digne de son courage, et ne peut que produire un bon effet, pourveu qu'il
ne soit pas troublé par l'arrivée de l'armée navale de messieurs les estats, ny par l'envie et la jalousie de messieurs
les ministres, qui souffrent avec peyne l'augmentation et
l'avantage les uns des autres.

J'aurai tout le soin possible de l'affaire du sieur Stalspart;
j'en ay desjà parlé à la reyne, qui m'a dist vous devoir assés
pour ne pas vous refuser une chose de si peu de conséquence. Il est vrai que messieurs les ministres ne sont pas
si reconnaissans; néanmoins je conjecture que l'affaire aura
un bon succès, parce que, pour s'en attirer un grand mérite
auprès de vous, ils disent que de soy elle est impossible, et
j'ay esprouvé, en quelques affaires, que ce sont les paroles
qui précèdent les graces, quand ils ont dessein de les faire.
Tous les vaisseaux que vous m'aviés recommandés estoient
sortis; mais pour en estre mieux informé, j'ay voulu le sçavoir de la bouche du consul de Holande, qui m'a assuré
que la reyne avoit donné un décret général pour tous les
vaisseaus de messieurs les estats, qui se trouveroient dans
tous les ports de son royaume; et comme je vous avois
desjà mandé, elle avoit voulu, par cette action, justifier à
tout le monde qu'elle n'entreroit à la guerre que par con-
trainte, et après avoir tenté les moyens raisonables et
honestes de faire la paix. Il me resteroit encores beaucoup

de choses à vous dire; mais je suis si faible, qu'il faut que par nécessité je finisse, et que par inclination, je vous assure que je suis, monsieur, vostre très humble et très obéissant serviteur. COMENGE.

Je vous prie, monsieur, de faire tenir cette despesche à monsieur de Bourdeaus par la première occasion.

A Lisbonne, ce 18 avril 1658.

VII.

1658, 21 octobre. — Levée du siège de Badajoz. Vive tirade contre les Portugais en général, et tout particulièrement contre le chef de leur armée. Grand éloge de la reine de Portugal. Traité qu'elle veut conclure avec la France. — *Ibid, f° 139 noir, 163 rouge.*

Monsieur, après avoir atendu fort longtemps l'ocasion de vous pouvoir escrire, j'ay enfin rencontré celle-cy, que le consul de Holande dit estre d'aultant plus asseurée que le vaysseau dans lequel elle va est escorté de deux frégates angloises. Je luy souhaite un bon passage, parce que la despesche que je vous envoye pour monsieur de Brienne est de conséquence, et qu'aussi je vous assurerai de mes services. Le soing que vous prenés de toutes les choses qui regardent le service du roy ne me laisse aucun doute que vous ne fassiés remetre ladite despesche en diligence, et vostre bonté m'assure que vous ne refuserés pas une nouvelle protestation de l'amitiée que je vous ay vouée et que je vous conserverai sincère et entière le reste de ma vie.

Cete cour estoit en de grandes inquiétudes du succès de la négociation de son ambassadeur auprès de messieurs les estats; mais comme les maux présens sont toujours plus sensibles que les éloignés, la levée du siège de Badajos [1] l'o-

---

1. Badajoz, capitale de la province du même nom, sur la rive gauche du Guadiana, à 7 kilomètres de la frontière du Portugal, était une des places fortes les plus importantes de l'Espagne.

cupe présentement; les uns l'attribuent à trahison et lascheté et les aultres à la maladie qui a ruiné la meilleure partie de leur armée; mais les Portugais sont si présomptueux que pas un ne s'imagine la véritable cause, qui est l'ignorance et l'incapacité. Je pourois vous faire une longue letre de toutes leurs faultes; mais pour vous délivrer de la lecture d'une si ennuieuse naration, je suplérai véritablement à tout quand je vous diray que le général n'a pas fait une marche sans faire une faulte, mais si grossière qu'il faut estre fort charitable pour croire que la seule insufisence l'ait produite. Si tost qu'il eut nouvelles de l'arivée de don Louis de Haro [1] à Mérida [2], où il assembloit quelques milices pour secourir Badajos; il en donna advis à la reyne, qui luy commanda, par une lettre, de continuer le siège avec plus de vigueur que par le passé; que, de sa part, elle prendroit soing quy ne lui manquast ni hommes, ni argent, ni munitions. Elle a fort bien tenu sa parole. Dans la mesme letre, il se glissa un mot par hasard ou par malice, sur lequel il s'est fondé pour lever le siège, qui disoit que, sur toutes choses, il eust bien soing de conserver l'armée; aussi, voyant celle des ennemis divisée en trois parties, pressée de marcher à luy pour le combatre, et celle qu'il comandoit fort incomodée et diminuée par les maladies, il s'est retiré à Elves [3] sans atandre un ordre plus présis. Les Portugais disent qu'il a fait une admirable retraite, il est vrai qu'il n'a pas perdu un homme; mais aussi il n'a pas esté suivi, et s'est retiré sans coup férir trois heures durant dans une belle plaine. La noblesse crie contre luy; mais l'authorité du

---

1. Il s'agit là du grand homme d'état qui traita avec Mazarin de la paix des Pyrénées, don Louis Mendez de Haro, né en 1599, mort à Madrid le 26 novembre 1661.

2. Mérida, en Estramadure, est à 50 kilomètres de Badajoz.

3. Elvas, ville du Portugal, à 265 kilomètres de Lisbonne, à 9 kilomètres de la frontière espagnole, à 20 kilomètres de Badajoz.

comte d'Odmira empesche qu'elle ne dise si librement ses sentimens. Le peuple a cessé ses murmures par la crainte d'estre empoisonné, comme ont esté les premiers qui en ont parlé. La reyne est afligée à la mort de ce honteux succès [1], quoy qu'elle ait fait de sa part tout ce que l'on peut désirer d'une âme véritablement forte et libérale [2]. Pour moy, monsieur, quand je considère leur conduite dans toutes leurs actions, je croy que Dieu a voulu punir leur orgueil en leur laissant cognoistre par cete touche que, sans apeler des étrangers à leur secours, ils ne sauroient maintenir leur estat. La reyne m'a fait dire, par le secrétaire d'estat, qu'elle y estoit absolument résolue et que, si elle estoit assés heureuse, après tent de malheurs, de conclure un traité avec la France, qu'aussitost elle envoiroit prier le roy de luy donner un général et la permission de lever des troupes dans son royaume. Mais je doute fort que ses ministres y consentent, si elle leur donne le loisir de se remetre de l'estonnement où ils sont présentement. Les mesmes raisons qu'ils avoient par le passé subsistent encore, et ce ne sont pas gens à relascher de leurs intérests pour la cause publique.

Je me souviens que j'ay pris aultrefois la liberté de vous escrire que vous prissiés garde aus Portugais avec lesquels vous auriés à traiter ; je ne cognois pas particulièrement l'ambassadeur qui est en Holande ; mais j'ay remarqué qu'ils sont tous d'une mesme humeur, c'est-à-dire mesfians, artificieus, sans parole. Je n'ay demeuré parmi eux que trop longtemps pour mon repos. Je souhaite que vous finissiés bientost leur affaire, parce que aparenment mon retour en France en dépent en quelque façon. J'apréhende que mes-

---

1. *Succès* dans le sens d'accident, d'évènement, chose qui arrive, *succedere*. C'est ainsi que Mme de Sévigné (lettre du 25 août 1679), parlant de la mort du cardinal de Retz, se sert de l'expression *funeste succès*.

2. Bel éloge donné à la vaillante reine de Portugal et digne d'être retenu par l'histoire.

sieurs les estats ne leur tiennent le pied sur la gorge après ce mauvais rencontre. Néanmoins, comme leur perte feroit l'élévation du roy de Castille, elle pouroit, par réflexion, leur estre fort nuisible, comme ils sçavent très bien. Mais, comme présentement la paix les a divisés, il est à craindre qu'ils ayent plus d'esgard à satisfaire leurs passions particulières qu'à considérer les véritables intérests de leur république. Pour leur bien aux uns et aux aultres, ils ont en vostre personne un oracle qui leur aprendra, s'ils veulent le consulter, ce qu'ils doivent suivre et ce qu'ils doivent éviter. Je suis, monsieur, vostre très humble et très obéissant serviteur.   COMENGE.

A Lisbonne, ce 21 octob. 1658.

Au dos est écrit : Mr le comte de Commenges. Lisbone, 21 oct. 1658. Receue le 18 novembre ; advis de la levée du siège de Badajos.

VIII.

1659, 22 janvier. — Victoire remportée sur les Espagnols par les Portugais à Elvas. Retraite de don Louis de Haro et du duc d'Ossone. Minutieux détails sur l'affaire. Mort d'André d'Albuquerque. — *Ibid, f° 135 noir, 159 rouge.*

Monsieur, les Espagnols n'en ont pas esté quittes à si bon marché que les Portugais ; sy les uns se retirèrent de Badajos après quatre mois de siège, les autres ont estés battus dans leur retranchemens sous Elves, avec tant de honte pour eux et tant de gloire pour les Portugais que je vous assure que, depuis que la monarchie de Portugal subsiste, elle n'avoit pas emporté une si grande et si signalée victoire dans toutes ses circonstances [1]. Don Louys de

---

1. De tous les documents jusqu'à ce jour publiés en France sur l'affaire d'Elvas, aucun ne donne peut-être autant de curieux détails que la présente lettre, écrite avec un véritable enthousiasme, et, pour ainsi dire, comme un bulletin de victoire personnelle.

Haro s'est retiré avec précipitation ; le duc d'Ossone [1] l'a suivi assés légèrement, et tous ces autres grands, quy l'avoyent accompagné, sont morts ou prisonniers ; la perte se treuve de 3,000 hommes morts sur la place, plus de mille prisonniers, entre lesquels on conte 300 officiers d'infanterie et de cavalerie, dix-sept canons, deux mortiers, quelques pétards et une grande quantité de mousquets et de piques. Les drapeaux et cornettes, toutes sortes de munitions de guerre et de bouche, sans oublier l'équipage, qui estoit des plus grands et des plus magnifiques, non plus que six à sept cents chevaux, qui ont esté mis au profit du roy, pour remonter sa cavalerie ; cette grande victoire couste peu de sang au Portugal et à la réserve d'André d'Albuquerque, général de leur cavalerie [2], et deux ou trois maistres de camp, le reste peut aller à 500 hommes, dont la moityé ne sont que blessés ; j'ay creu que vous seriés bien aise d'aprendre cette nouvelle, et je n'ay pas esté faché d'avoir occasion de vous escrire pour vous assurer de plus en plus de la continuation de mes services. Je suis, monsieur, de vostre excellence, le très humble et très obéissant serviteur.

COMENGE.

A Lisbonne, le 22 janvier 1659.

Au dos est écrit : Lisbonne 22 janv, 1659. Mr le comte de Comenges.

---

1. Gaspard Tellez-Giron, duc d'Ossonne, marquis de Pennafiel, comte d'Urenna, fut gouverneur du Milanais, conseiller d'état, président du conseil des ordres, grand écuyer de la reine d'Espagne, etc., et mourut le 2 juin 1694.

2. André d'Albuquerque, né à Cintra en 1621, était, selon le *Moréri* de 1759, « très habile dans l'art militaire. Nous avons de lui une description de la bataille qu'il gagna contre les Espagnols, entre Arronchel et Assumar, le 8 novembre 1653, imprimée in-4°, la même année, par ordre du roi Jean IV, à Lisbonne. Il est mort d'un coup de mousquet au siège de la ville d'Elvas, fait par les Espagnols, après avoir signalé son courage, le 14 janvier 1659. »

IX.

Départ de l'ambassadeur de Portugál pour la Hollande. Ardent désir que Cominges éprouve de partir aussi. Protestation d'amitié adressée au président de Thou. — *Ibid, f⁰ 142 noir, 165 rouge.* [1]

Monsieur, par ma dernière, je mandois à V. E. que l'ambassadeur estoit parti, et je ne doute pas que vous n'ayés fait quelque mauvois jugement de ne le point voir, mais la tempeste le rejeta dans Setxual (*sic*), où il a falu qu'il atandist de nouveaus ordres de cete cour, son vaisseau faisant eau et ne se pouvant racomoder ; enfin, après avoir bien crié et tempesté, l'on a frété ce vaisseau françois pour le porter ; si le capitaine françois qui le comande avoit besoing de vous, je vous prie de l'asister. J'atands la résolution que prendra sa magesté sur la dernière proposition du Portugal ; je ne sçay ce que j'en doibs espérer, mais je souhaite avec passion qu'elle soit telle que, d'une façon ou d'aultre, j'obtienne le congé que j'ay demendé [2]. Tant que je seray icy, je ne manquerai pas de vous donner advis de tout ce qui s'y passera et à la cour de France. Je vous demande la permission de pouvoir cultiver l'amitié dont il vous a plu m'honorer. Je suis, de V. E., monsieur, vostre très humble et très obéissant serviteur.

COMENGE.

---

1. Cette lettre ne portant pas de date, j'ai cru devoir la placer à la suite de toutes les lettres qui sont datées.

2. Le comte de Cominges, qui se montre si impatient de rentrer en France, était de retour à Paris en juillet 1659. On sait qu'il fut nommé ambassadeur auprès du roi Charles II à la fin de 1662, qu'il était déjà arrivé à Londres deux jours avant la fête de noël, qu'il ne fit son entrée solennelle que le 14 avril 1663 et qu'il eut son audience de congé le 10 décembre 1665.

www.ingramcontent.com/pod-product-compliance
Ingram Content Group UK Ltd.
Pitfield, Milton Keynes, MK11 3LW, UK
UKHW022233070726
13613UKWH00004B/1926